刺身や切り身、柵で手軽に

# たまさんと魚料理

中川たま

文化出版局

## はじめに

海の近くで育った母の得意料理は、どちらかというと魚料理でした。
まるごと買ってきては、ちゃちゃっとさばき、
今日はお刺身、明日は煮付け、あらはあら汁、あら煮とお手の物。
たまにしゃれた肉料理をリクエストしても、
魚は栄養たっぷりと言いくるめられ、魚料理が
毎日のように食卓にのぼるのが当たり前の家庭で育ちました。

今、私も海の近くに住み、目にすること、口にすることが多い魚ですが、
母のように毎度さばくのは面倒であったりします。
でも、ピチピチの旬の魚を見かけると食べたくなるし、
魚の栄養もせっせととりたい年頃。
ありがたいことに、近くにはさばいてくれる魚屋があるので、
ある程度おまかせして、食べる機会を多めにするのが今の私には合っています。

魚は食べたいけれど、苦手意識のある方へ。
刺身用にカットしたものでさっと作れる料理や、
使いやすい切り身魚のバリエーション、
まるごと1匹をさばかずに生かす料理など、
シンプルに魚料理の幅を広げられるものばかり。

食卓に毎日魚料理が登場するくらいの気軽さで作ってほしい1冊です。

Eat fish every day!　を心掛けて。

中川たま

# Eat fish every day!

## CONTENTS

## たっぷり食べたい、柵で

## おいしさも、まるごと

## 呑める、魚介のひと皿

## たまさんの、定番中華

## COLUMN

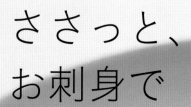

# ささっと、
# お刺身で

買ってきたらすぐに食べられる刺身を使って、
手軽に生ならではの魚のうまみを味わうレシピです。
柑橘や香味野菜と合わせることで
食べやすく洗練された味に。

## かんぱちのカルパッチョ
recipe p.10

あじとしょうがのマリネ　きゅうりドレッシング

recipe p.10

鯛の中華風サラダ

recipe p.11

甘海老、帆立のタルタル
recipe p.11

# かんぱちのカルパッチョ (p.6)

我が家でよく登場する魚料理。
娘が好きなかんぱちで作ることが多いですが、
シンプルな味つけなので、
他の魚でも合わせやすいです。

a

≋ **材料**（2人分）

かんぱちの刺身 … 8切れ
　　塩 … ふたつまみ
赤玉ねぎ（薄切り）… 適量
文旦（または甘夏、グレープフルーツなど。
　　小袋をむき食べやすい大きさにする）… 適量
ディル … 少々
こしょう … 少々
A｜オリーブ油 … 大さじ1
　｜赤ワインビネガー（または好みのビネガー）
　｜　… 大さじ1/2
　｜塩 … ひとつまみ

1. かんぱちの刺身は塩をふり、冷蔵庫で15分おき、水分をキッチンペーパーで軽く押さえる。
2. Aをよく混ぜ合わせ乳化させる。器に1、赤玉ねぎ、文旦を盛り付け、Aを回しかけ（a）、ディルを散らし、こしょうをふる。

＊ 他の魚で作るなら⇒ 鯛、あじ、スズキ、ぶり、帆立

# あじとしょうがのマリネ
# きゅうりドレッシング (p.7)

新しょうがのやさしい辛み、
さわやかな香りがあじによく合います。
夏らしいきゅうりと大葉のドレッシングであえて。

a

≋ **材料**（2人分）

あじの刺身（三枚おろし。ひと口大のそぎ切り）
　　… 2尾
　　塩 … 適量
新しょうが（またはしょうが。薄切り）… 2片（40g）
A｜きゅうり（すりおろす）… 1/2本分
　｜大葉（みじん切り）… 3枚
　｜白ワインビネガー（または好みのビネガー）
　｜　… 大さじ1/2
　｜オリーブ油 … 大さじ1
　｜塩 … 小さじ1/4

1. ボウルにAを入れてよく混ぜ合わせ（a）、食べる直前まで冷蔵庫で冷やす。
2. あじの刺身は強めに塩をふり、冷蔵庫で15分おき、水分をキッチンペーパーで軽く押さえる。新しょうがはさっとゆでて水けをしっかりきる。
3. ボウルに1、2を入れ、よく混ぜ合わせる。

＊ 他の魚で作るなら⇒ さば、いわし

# 鯛の中華風サラダ (p.8)

これは小学生の時に連れていってもらった
中華料理店で知ったお刺身の食べ方です。
カシューナッツや揚げたワンタンの皮が
アクセントに。

a

〰 **材料**(2人分)

鯛の刺身 … 8切れ
　　塩 … ひとつまみ
三つ葉（またはせり、香菜。食べやすい長さに切る）
　… 1/2束
カシューナッツ（粗く刻む）… 5粒
揚げたワンタンの皮（砕く）… 2枚
A ｜ 長ねぎ（みじん切り）… 5cm
　｜ しょうが（みじん切り）… 小さじ1/2
　｜ 米酢、きび砂糖 … 各小さじ1
　｜ しょうゆ、ごま油 … 各大さじ1/2
　｜ 白ごま … 適量

1. 鯛の刺身は塩をふり、冷蔵庫で15分おき、水
　分をキッチンペーパーで軽く押さえる。
2. Aをよく混ぜ合わせ、器に1を盛り、三つ葉、
　カシューナッツ、揚げたワンタンの皮を散らし
　（a）、Aを回しかける。


# 甘海老、帆立のタルタル (p.9)

ねっとりとした食感で甘みの強いお刺身は、
塩麹のうまみとも相性よし。
みょうがのソースでさっぱりと。

a

〰 **材料**(2人分)

甘海老、帆立の刺身 … 合わせて80g
塩麹 … 小さじ1
A ｜ みょうが（粗みじん切り）… 1個
　｜ 赤ワインビネガー … 小さじ1
　｜ オリーブ油 … 大さじ1

1. 甘海老、帆立の刺身は、ねっとりとして一体感
　が出る程度に粗めにたたき（a）、ボウルで塩麹
　と混ぜ合わせ器に盛る。
2. Aを混ぜ合わせ、1に回しかける。

＊他の魚で作るなら⇒ 白海老、サーモン

---

**海老の頭と殻はみそ汁などのだしに！**
濃厚なうまみが詰まっている海老の
頭の部分や殻。捨てるなんてもったいない！
いつものだしに加えて煮込み、
みそ汁やスープにぜひ使ってみてください。

---

# ねぎとろユッケ

家族も友人も大好きなねぎとろは、
少し甘めのしょうゆだれとこくのあるごま油をプラスして。
ご飯にのせたり、海苔で巻いても。

a

〰〰 **材料**（2人分）
まぐろの刺身 … 8切れ
　　塩 … ひとつまみ
卵黄 … 1個分
A｜ 長ねぎ（みじん切り） … 8cm
　｜ しょうゆ、ごま油 … 各大さじ1
　｜ きび砂糖 … 大さじ1/2

1.　まぐろの刺身は塩をふり、冷蔵庫で15分おき、
　　水分をキッチンペーパーで軽く押さえる。
2.　Aを混ぜ合わせる。1を細切りにしてから粗め
　　にたたき（a）、ボウルでAとよく混ぜ合わせる。
3.　器に2を盛り卵黄をのせる。

＊ 他の魚で作るなら⇒ かつお

# いかのフェ

やりいかのみずみずしさや甘みが
コチュジャンの辛さとよく合います。
よく混ぜてキンパの具にするのもおすすめ。

a

〰 **材料**（2人分）
やりいかの刺身（細切り）… 80g
ズッキーニ（細切り）… 1/4本
ごま油 … 適量
金ごま（または白ごま）… 適量
A｜コチュジャン、きび砂糖 … 各小さじ2
　｜しょうゆ … 小さじ1/2
　｜米酢 … ほんの少々

1. Aをよく混ぜ合わせ器に敷く。やりいかの刺身
   の足をさっとゆがく。
2. 器にやりいかの刺身（a）、ズッキーニを盛り、
   ごま油をかけ、金ごまをふる。食べる直前によ
   くあえる。

＊ 他の魚で作るなら ⇒ かつお、帆立

# 蒸し寿司

刺身が少しずつ余ったら、
柚子が香り立つ蒸し寿司に。
実家の定番料理です。生のままちらし寿司でも。

≋ **材料**（1人分）

サーモン、たこ、鯛の刺身 … 各2切れ
菜花（花の部分）… 3本
錦糸卵 … 卵1個分
ご飯 … 1膳分

| A | 塩麹 … 小さじ1/2 |
|---|---|
| | 柚子の皮（薄くむいて細切り）… 適量 |

| B | 柚子果汁 … 大さじ1 |
|---|---|
| | いりごま … 適量 |
| | 塩 … ひとつまみ |

1. 刺身にAをあえる（a）。ご飯にBを混ぜ合わせる（b）。
2. オーブンシートを敷いた蒸籠に1のご飯を入れ、錦糸卵、たこ以外の1の刺身を順にのせる。
3. 蒸気の上がった蒸し器に2をのせ（c）、中火で4分蒸してから、たこ、菜花を散らしさらに1分蒸す。

＊他の魚で作るなら⇒ 海老、帆立、さわら

# りゅうきゅう

両親の故郷大分の味。九州特有の、
少し甘めの味つけでご飯がすすみます。
刺身は数種類混ぜると食感、
味の違いが楽しめます。

a

**材料**（2人分）

ぶり、サーモン、まぐろの刺身
　（食べやすい大きさに切る）… 合わせて200g
白ごま … 大さじ1
青ねぎ（みじん切り）… 適量
好みでしょうが（すりおろし）… 少々
A｜しょうゆ、みりん … 各大さじ2
　｜酒 … 大さじ1

1. Aを小鍋に入れ、ひと煮立ちさせてあら熱をとる。
2. ボウルに刺身、1を入れてよく混ぜ合わせる（a）。
3. すぐ食べても、1日漬けてもいい。食べる直前に白ごまをふり、青ねぎ、しょうがのすりおろしを散らす。

＊ 他の魚で作るなら⇒ あじ、さば

# 刺身とつまの春巻き

刺身のつまが余ったら、迷わず春巻き!
でも刺身は食べてしまった……そんな時は
乾燥の桜海老をひとつまみ入れて作ってみて
ください。おいしいです。

a

**材料**(2本分)

好みの刺身(今回は太刀魚)… 4切れ
　　塩 … 少々
刺身のつま(大根)… 適量
大葉(半分に切る)… 2枚
春巻きの皮 … 2枚
水溶き薄力粉、揚げ油 … 各適量
塩 … 少々

1. 太刀魚の刺身は塩をふり、15分おき、水分を
   キッチンペーパーで軽く押さえる。
2. 春巻きの皮をひし形になるように置き、真ん中
   より少し手前につまの半量、大葉1枚分、太刀
   魚の刺身2切れを順にのせ、皮を手前から巻い
   て包む(a)。
3. 巻き終わりの皮の内側に水溶き薄力粉をぬって
   とめる。同様にもう1本作る。
4. 3を中温(170〜180℃)の油で、皮がカリッと
   きつね色になるまで揚げ、油をきり器に盛り塩
   をふる。

# 気軽に手軽に、
# 切り身で

魚をおろす手間がいらない、必要な分だけ買える、
すぐ調理できる、調理時間も短くてすむ……。
いいこと尽くしの切り身が、
魚料理の苦手意識を一気に解決。

## ぶりの甘酢炒め
recipe p.22

ヤムニョムたら

recipe p.22

19

# さばのみそ蒸し
recipe p.23

舌平目の白ワイン蒸し　バターパセリソース

recipe p.23

### 炒める ぶりの甘酢炒め (p.18)

我が家ではぶりの照り焼きより、
この甘酢炒めの方が人気です。
シャキッと炒めた玉ねぎもいい仕事をしてくれます。
米酢を黒酢にするとよりすっきりとした味に。

**材料**（2人分）
ぶり（骨を取り4等分に切る）… 2切れ
　塩 … ふたつまみ
　かたくり粉 … 適量
赤玉ねぎ（くし形切り）… 1/4個
米油 … 大さじ1
A｜ しょうゆ、米酢、みりん … 各大さじ1

1. ぶりは塩をふり、15分おき、水分をキッチンペーパーで軽く押さえ（a）、かたくり粉をまぶす（b）。
2. フライパンに米油を中火で熱し、赤玉ねぎをさっと炒め取り出す。
3. 2のフライパンで1を全面焼く。混ぜ合わせたAを加えてからめ合わせ、2を戻し入れ、さっと混ぜ合わせる。

＊ 他の魚で作るなら⇒ さわら、さば、めかじき

### 炒める ヤムニョムたら (p.19)

淡白ながら甘みのあるたらは、
甘辛味のコチュジャンをベースにした
たれにからめて韓国風に仕上げます。

**材料**（2人分）
たら（骨を取り4等分に切る）… 2切れ
　塩 … ふたつまみ
　かたくり粉 … 適量
ししとう … 6本
ごま油 … 大さじ1
A｜ コチュジャン、酒、はちみつ、
　　しょうゆ、水 … 各小さじ1
白いりごま … 適量

1. たらは塩をふり、15分おき、水分をキッチンペーパーで軽く押さえ、かたくり粉をまぶす。
2. フライパンにごま油を中火で熱し、1を両面焼く。フライパンのあいている場所でししとうを焼き（a）、取り出す。1に火が通ったらよく混ぜ合わせたAを回しかけからめるように炒め（b）、ししとうを戻し入れ、さっと混ぜ合わせる。白いりごまをふりひと混ぜする。

＊ 他の魚で作るなら⇒ ぶり、スズキ、さわら、鯛

## 蒸す さばのみそ蒸し (p.20)

魚の煮込みは煮崩れたり、火加減が難しかったりと、
味が決まらないことが多いですが、蒸すことで
煮崩れず、火加減調整も必要なく失敗知らず。

≋ **材料**（1人分）
さばの切り身 … 1切れ
ごぼう（よく洗い、ささがきにする）… 1/4本
白髪ねぎ … 適量
A｜みそ … 大さじ1
　｜酒、みりん、きび砂糖 … 各大さじ1/2

1. さばの切り身はざるに入れ、熱湯を回しかけて
　 霜降りにする（a）。
2. 器にごぼうを敷き、上に混ぜ合わせたAの半
　 量をのせて広げ（b）、その上に1をのせて残り
　 のAを1にぬり広げる。
3. 蒸気の上がった蒸し器に2を器ごと入れ、中火
　 で12分蒸す。器にたまったみそとさばの上の
　 みそをさっと混ぜ合わせ、白髪ねぎをのせる。

＊ 他の魚で作るなら⇒さわら


## 蒸す 舌平目の白ワイン蒸し バターパセリソース (p.21)

舌平目に白ワインをかけて蒸すことで
ふっくらと蒸し上がります。季節の野菜も
一緒に蒸してボリュームのある1品に。

≋ **材料**（2人分）
赤舌平目 … 2切れ
　塩 … ふたつまみ
　白ワイン … 大さじ1
グリーンピース（さや）… 16個
ベビーアスパラガス … 8本
パセリ（みじん切り）… 大さじ1
有塩バター … 10g
白こしょう … 少々

1. 赤舌平目は塩をふり、15分おき、水分をキッ
　 チンペーパーで軽く押さえ、器にのせて白ワ
　 インを回しかける。
2. 蒸気の上がった蒸し器に1を器ごと入れ、中火
　 で5分蒸す。
3. グリーンピース、ベビーアスパラガスを器のあ
　 いている場所に置き、さらに2分蒸して火を止
　 める（a）。
4. 3のグリーンピースを取り出し、さやから豆を
　 出して器に戻す。3の赤舌平目にパセリをふり、
　 バターをのせて再度ふたをして余熱で溶かし、
　 白こしょうをふる。

＊ 他の魚で作るなら⇒ スズキ、サーモン

# [焼く] 鮭とじゃがいものガレット

じゃがいもの表面はカリッ、中はほっくり。
蒸された鮭もふわっと仕上がります。娘がお洒落な鮭と呼ぶ1品。
サワークリームやマヨネーズをつけても。

**材料**（2人分）
鮭（骨と皮を取り2等分に切る）… 2切れ
　　塩 … 適量
　　白ワイン … 大さじ1
　　こしょう … 少々
じゃがいも（細切り）… 2個
　　薄力粉 … 大さじ1
オリーブ油 … 大さじ2
レモン（くし切り）… 2〜3切れ

1. じゃがいもは薄力粉をよくまぶす。
2. 鮭は強めに塩をふり、15分おき、水分をキッチンペーパーで軽く押さえ、白ワインを回しかけ、こしょうをふる。
3. フライパンを弱めの中火にかけオリーブ油を熱し、1の半量を全体に広げる。上に2の4切れを均等に置き（a）、その上に残りの1を全体に広げる（b）。
4. 下の面のじゃがいもがカリッとなったら、へらで4等分に切り分け（c）、上からへらでじゃがいもを鮭に押し付けるように形を整えて裏返す。鮭に火が通り下の面のじゃがいもがカリッとなるまで焼く。器に盛りレモンをしぼる。

＊ 他の魚で作るなら⇒ 塩鮭（その場合、塩はふらない）、サーモントラウト

## 焼く  めかじきのソテー　サルサソース

食べやすくアレンジしやすいめかじき。
焼いてもかたくならないように
ワインを加えて蒸し焼きに。
魚料理にも相性のいいサルサソースで。

≋ 材料(1人分)

めかじき … 1切れ
　塩、薄力粉 … 各適量
　こしょう … 少々
オリーブ油 … 大さじ1
白ワイン … 大さじ1
［ サルサソース ］
ミディトマト（1cm角に切る）… 1個
赤玉ねぎ（粗みじん切り）… 1/8個
香菜（粗みじん切り）… 1〜2本
好みで青唐辛子（みじん切り）… 少々
ライム果汁 … 小さじ1、塩 … ひとつまみ

1.　ボウルにサルサソースの材料を入れて混ぜる。
2.　めかじきに塩、こしょうをふり、薄力粉をまぶす。
3.　中火で温めたフライパンにオリーブ油をひき2を焼く。
4.　片面1分ずつ焼いたら白ワインを加え、ふたをして（a）2分蒸し焼きにして火を通す。
5.　器に4を盛り、1をかける。

## 炒める めかじきのガパオ

鶏肉や挽肉でよく作るガパオを、
淡白で料理に合わせやすいめかじきでアレンジ。
加熱するとかたくなりやすいので
炒めすぎないように。

❄ **材料**（1人分）

めかじき（1.5cm角に切る）… 1切れ
玉ねぎ（1.5cm角に切る）… 1/8個
パプリカ（赤や黄。1.5cm角に切る）… 1/8個
青唐辛子（みじん切り）… 適量
目玉焼き… 1個
温かいご飯… 1膳分
米油… 大さじ1
塩、こしょう… 各少々
A｜オイスターソース、しょうゆ… 各大さじ1/2
バジルの葉… 8枚

1. フライパンを中火で熱し、米油をひき、めかじきを炒める（a）。塩、こしょうをふり、色が変わってきたら青唐辛子、玉ねぎ、パプリカを加え炒める。全体に火が通ったらA、バジルの葉を加え、素早く混ぜ合わせる。
2. 器に1、ご飯を盛り付け、目玉焼きをのせる。

＊ 他の魚で作るなら⇒ ぶり

# 炒める いわしとアーモンドラグーパスタ

いわしを炒めながらほぐして作ると
他の具や調味料ともなじみがよくなります。
アーモンドの香ばしさや食感を加えて。

≋ **材料**(2人分)
いわし(開き、または三枚おろしにして、
　尾は取る)… 3尾
　塩 … ふたつまみ
ミニトマト(半分に切る)… 8個
ローストアーモンド(粗みじん切り)… 10粒
パスタ … 160g
にんにく(つぶす)… 1片
オリーブ油 … 大さじ3
鷹の爪(輪切り)… 適量
白ワイン … 大さじ2
フェンネル(ちぎる)… 適量
塩 … 適量
こしょう … 少々

1. いわしは塩をふり、15分おき、水分をキッチンペーパーで軽く押さえる。
2. フライパンにオリーブ油、にんにく、鷹の爪を入れ弱火で熱し、香りが出てきたら中火にして1を皮目から焼く。
3. パスタは塩を加えた湯でアルデンテになるようゆではじめる。塩は2ℓの湯に対して大さじ1と1/2が目安。
4. 2の両面にある程度火が通ったら白ワインを加え、木べらでほぐしながら少し煮詰める(a)。ミニトマト、ローストアーモンド、3、3のゆで汁大さじ2(b)、フェンネルも加えてよく混ぜ合わせる。器に盛りこしょうをふる。

＊ 他の魚で作るなら⇒ さば

a　　　　　　　　　　b

オーブン焼き

# 塩だらとブロッコリーのドリア

フライパンを使わずに、器とオーブンだけで作る
ドリアです。焼いている途中で塩だらと
ブロッコリーをほぐすことで食感を残しながら、
一体感の出る味わいにします。

**材料**（2人分）
塩だら（骨と皮を取りひと口大に切る）… 1切れ
ブロッコリー（小房に分け、さらに4等分に切る。
　茎は細かく切る）…1/4個
生クリーム … 1/2カップ
牛乳 … 1/2カップ
ご飯 … 1/2膳分
有塩バター（刻む）…10g
シュレッドチーズ … 適量
白こしょう … 少々

1. 耐熱容器に、塩だら、ブロッコリーを均等に入れ、生クリーム、牛乳を加え（a）、バターをのせる。190℃に予熱したオーブンで具材がやわらかくなるまで15分焼く。

2. 1をいったん取り出して具材を木べらでほぐし、ご飯を加えてよく混ぜ合わせる。シュレッドチーズをのせ、白こしょうをふり220℃で8分、チーズが溶けておいしそうな焼き色がつくまで焼く。

＊他の魚で作るなら⇒ 塩鮭

a

# いわしの揚げないコロッケ

マッシュポテトを詰めたいわしは、
食べ応えもあってメインにもなります。
一緒に焼いたトマトを崩して、ソースのようにつけて食べてください。

〰 **材料**（2人分）
いわし（開き、または三枚おろしにして、
　尾は取る）… 4尾
　塩 … 適量
じゃがいも … 大1個
トマト（横半分に切る）… 中1個
牛乳 … 小さじ2
粒マスタード … 小さじ2
パン粉 … 適量
オリーブ油 … 大さじ1
塩、こしょう … 各少々
オレガノ … 適量

1. いわしは塩をふり、15分おき、水分をキッチンペーパーで軽く押さえる。
2. じゃがいもは、皮ごと蒸してやわらかくなったら皮をむいてつぶし、牛乳、塩ひとつまみを加えてマッシュポテトにする。
3. 1の身の方に粒マスタードをぬり（a）、オーブンシートを敷いた天板に皮目を下に2枚並べ、2を半量ずつのせ、残りのいわしを重ねる（b）。上にパン粉をまぶす。トマトにオレガノ、塩、こしょうをふり、天板のあいている場所に置く。いわし、トマトにオリーブ油を回しかける。
4. 200℃に予熱したオーブンで12分、パン粉がカリッとなるまで焼く。

a　　　　　　　　　　　　　　　　　　　　　b

オーブン焼き

# 塩さばとケールのオーブン焼き

塩けの強い塩さばをサラダ仕立てに。
ケールは半分フレッシュのまま、
半分はオーブンで焼きパリパリにして
食感の違いも楽しみます。

〜 **材料**（1人分）

塩さば（骨のないもの）… 1切れ
ケール（食べやすい大きさにちぎる）… 4枚分
塩 … 少々
オリーブ油 … 適量
A｜プレーンヨーグルト … 1/4カップ
　｜クミンパウダー、チリパウダー … 各少々
　｜オリーブ油 … 大さじ1

1. オーブンシートを敷いた天板にケール2枚分を広げ、塩さばを置く。全体にオリーブ油を回しかけ（a）、ケールに塩をふる。150℃に予熱したオーブンでケールがパリパリになるまで10〜12分焼く。塩さばに火が通っていない場合は、ケールだけ取り出し再度焼く。
2. 器に焼いていないケールを盛り、上に1の塩さばをのせる。混ぜ合わせたAをかけ、その上に1の焼いたケールを盛り付ける。

a

# 鮭と根菜のオーブン焼き

具にソースをからめて、あとはオーブンにおまかせ。
粒マスタードとはちみつベースの甘辛ソースは、
焼くと照りつやよく仕上がり、
お酒もすすみそうです。

**材料**（2人分）

鮭（2等分に切る）… 2切れ
　塩 … 少々
蓮根（幅1.5cmの輪切り）… 1/2節
さつまいも（幅1.5cmの輪切り）… 中1/2本
オリーブ油 … 大さじ2
A｜ 粒マスタード、はちみつ … 各大さじ2
　｜ しょうゆ、白ワイン … 各大さじ1/2
　｜ オリーブ油 … 大さじ1

1.　鮭は塩をふり、15分おき、水分をキッチンペーパーで軽く押さえる。蓮根、さつまいもは水に5分さらしてあくを抜き、水けをきる。

2.　ボウルに1、混ぜ合わせたAを入れてあえる（a）。

3.　オーブンシートを敷いた天板に2を並べ（b）、オリーブ油を回しかけ、200℃に予熱したオーブンで全体に火が通るまで12〜15分焼く。

＊他の魚で作るなら⇒ さば

オーブン焼き

# タンドリーフィッシュ

チキンもいいけど、魚もね。
塩をふって余分な水分を抜いてから漬け込むと
味が入りやすくなります。

〰 **材料**（2人分）

さわら（4等分に切る）… 2切れ
　塩… ふたつまみ
米油… 大さじ1
A｜プレーンヨーグルト… 1/4カップ
　｜しょうが、にんにく（ともにすりおろし）
　｜　… 各1/2片分
　｜カレー粉… 小さじ1
　｜パプリカパウダー、塩… 各小さじ1/4

1. さわらは塩をふり、15分おき、水分をキッチンペーパーで軽く押さえる。

2. 保存袋に1、よく混ぜ合わせたAを入れ、もみ込む（a）。冷蔵庫で1時間以上漬け込む。

3. オーブンシートを敷いた天板に2を並べ（b）、200℃に予熱したオーブンで火が通るまで10分焼く。魚焼きグリルやフライパンでもOK。

＊他の魚で作るなら⇒ ぶり、さば

≋ 材料（2人分）

タンドリーフィッシュ … 2切れ分
玉ねぎ（薄切り）… 1/2個
トマト（ざく切り）… 1個
梅干し（種を取ってたたいたもの）…1個
香菜（食べやすい長さに切る）… 適量
カレー粉 … 大さじ1
ココナッツミルク … 1/4カップ
米油 … 大さじ1
A　マスタードシード … 小さじ1
　　鷹の爪 … 1本
　　米油 … 大さじ1
温かいバスマティライス … 2膳分

1. フライパンを中火で熱し、米油をひき、玉ね
   ぎを炒める。しんなりして色がついてきたらカ
   レー粉を加え30秒炒め合わせ、トマトを加え、
   つぶしながら少し煮詰める（a）。
2. 1の半量、ココナッツミルクをミキサーにかけ
   ペースト状にし、フライパンに戻す（b）。
3. 2に水1カップ、梅干しを加え、煮立ったらタ
   ンドリーフィッシュを加え、軽く煮込む。
4. 小鍋にAを入れ、中火にかける。パチパチと
   音がしてきたら3に加える。さらに香菜を加え
   る。
5. 器にバスマティライス、4を盛る。

［ アレンジ ］

# タンドリーフィッシュカレー

南インドではよく使われるタマリンドの
変わりに梅干しを使った酸味のあるカレーです。
ここでは焼いたタンドリーフィッシュで
作りましたが、ソースに漬け込んだ
生のままを使ってもおいしくできます。

## 揚げる フライドフィッシュ

ヨーグルトとスパイスに漬けた魚はやわらかく、臭みもなく食べやすくなります。
揚げる時にローズマリーを加えて風味をつけ、
チーズをすりおろして食べるのが、お気に入りです。

≈≈ **材料**（2人分）
ぶり（4等分に切る）… 2切れ
　塩… ふたつまみ
A｜プレーンヨーグルト … 大さじ3
　｜チリパウダー … 小さじ1
　｜しょうゆ … 小さじ1/2
B｜米粉、かたくり粉 … 各大さじ2
ローズマリー … 2枝
揚げ油 … 適量
パルミジャーノ・レッジャーノ・チーズ（すりおろす）、
　レモン … 各適量

1. ぶりは塩をふり、15分おき、水分をキッチンペーパーで軽く押さえる。ボウルにAを混ぜ合わせて、ぶりを加えて混ぜ（a）、保存袋に入れる。よくもみ込んで冷蔵庫で1時間以上漬け込む。

2. 1をキッチンペーパーで軽くふき、揚げる直前にBをまぶす。180℃の油にローズマリーと一緒に入れ、衣がカリッとなるまで揚げ、油をきる。器に盛り、パルミジャーノ・レッジャーノ・チーズをかけ、レモンをしぼる。

＊ 他の魚で作るなら⇒ さば、あじ、さわら

揚げる あじのフリット

調理に困ったらフリット！　炭酸水を使った衣でふわっとカリッと。
我が家では、穴子やはもでも作ります。
塩、めんつゆや p.26 のサルサソースも合います。

〜 **材料**（2人分）
あじ（三枚おろし）… 3尾（6切れ）
　塩 … 適量
　こしょう … 少々
A｜薄力粉、冷えた炭酸水 … 各1/2 カップ
揚げ油 … 適量
［タルタルソース］
ゆで卵（粗く刻む）… 1個
紫玉ねぎ（粗みじん切り）… 1/8 個
マヨネーズ … 大さじ2
レモン汁 … 1/4 個分
パセリ（みじん切り）… 適量

1. あじは塩をふり、15分おき、水分をキッチン
　ペーパーで軽く押さえ、こしょうをふる。
2. タルタルソースの材料を混ぜ合わせる。
3. A をよく混ぜ合わせ 1 にまんべんなくつけ（a）、
　中温（170〜180℃）の油で衣がカリッとなる
　まで揚げ（b）、油をきる。
4. 器に盛り、2 を添える。

＊ 基本魚介、切り身であれば何でもOK

a　b

## 揚げる さつま揚げ

冷めると引きしまってさつま揚げになりますが、
ふわふわの揚げたてもしんじょうのようで
おいしいです。いかのげそを加えてより海鮮感を。

〰 **材料**（6個分）
生たら（骨と皮を取り、ひと口大に切る）… 2切れ
　　塩… ふたつまみ
A｜卵白… 1個分
　｜酒… 小さじ1
　｜かたくり粉… 大さじ2
　｜塩… ひとつまみ
いかのげそ（今回はヤリイカ。ひと口大に切る）
　　… 1杯分
青ねぎ（小口切り）… 2本
大葉（千切り）… 3枚
揚げ油… 適量

1. 生たらは塩をふり、15分おき、水分をキッチンペーパーで軽く押さえる。
2. 1、Aをフードプロセッサーにかけ（a）、なめらかになるまで攪拌する。
3. 2にいかのげそ、青ねぎ、大葉を加えよく混ぜ（b）、手に少量の油（分量外）をつけて6等分にして、平らな円形に整える。
4. 3を中温（170〜180℃）の油で薄いきつね色になるまで揚げる。

[スープ] ハーブと魚のスープ

魚とハーブの種類を変えれば何通りにも味が楽しめるスープです。
すっきりさっぱり食べたい時は、
レモングラスや香菜でアジアの味に。

a

〰 **材料**（2人分）

金目鯛の切り身 … 2切れ
　塩 … 小さじ1/2
セロリの葉の部分 … 2本
ミディトマト（4等分に切る）… 4個
しょうが（薄切り）… 1片
レモングラス（鍋に入る長さに切る）… 5本
香菜（茎。鍋に入る長さに切る）… 4本
こしょう、ナンプラー … 各少々

1. 金目鯛は塩をふり、15分おき、水分をキッチンペーパーで軽く押さえる。
2. 鍋に水2と1/2カップ、調味料以外の材料をすべて入れ（a）、弱めの中火にかける。ひと煮立ちしたら弱火にし、1に火が通るまで煮る。こしょう、ナンプラーで味を調える。

＊他の魚で作るなら⇒ 鯛、スズキ

[ アレンジ ]

# フォー

ハーブと魚のスープに麺や
香味野菜を加えてフォーに。

フォー1玉（50ｇ）、もやしを同じ鍋でゆで、水けをきり、温かい"ハーブと魚のスープ"1人分に加え、ナンプラー適量で味を調える。小口切りにした青ねぎを散らし、食べやすい大きさに切った香菜を添え、ライムを適量しぼる。具材は好みの量で。

[スープ] 鯛のあらスープと
鯛そぼろごはん

兵庫で育ったので、子どもの頃から
鯛がよく食卓に登場しました。
新鮮なあらが手に入ったらスープとそぼろをセットで作ります。

# 鯛のあらスープ

≋ **材料** (3〜4人分)
鯛のあら … 1尾分
　塩 … 適量
昆布 (10cm角) … 1枚
酒 … 1/4カップ
塩 … 適量
三つ葉 (食べやすい長さに切る) … 適量

1. 昆布を水3カップにつける。
2. 鯛のあらは塩をまんべんなくすり込み、15分おき、水で洗い流す。ざるに入れ、表面にたっぷりの熱湯を回しかける (a)。
3. 鍋に1、2、酒を入れ、弱めの中火にかけ、あくをとる (b)。沸騰直前に昆布を取り出す。沸騰したら弱火にし、2に火が通るまで煮る。
4. 2を取り出し塩で味を調え、火を止め三つ葉を加える。

# 鯛そぼろごはん

≋ **材料** (作りやすい分量)
鯛のあらスープのあら … 全量
　(ほぐすと約11/2カップ)
酒、みりん … 各大さじ11/2
あらのスープ … 1/4カップ
温かいご飯 … 適量
塩 … 適宜
木の芽 … 適量

鯛のあらの身を丁寧に骨から取って (a) 鍋に入れ、酒、みりん、鯛のあらのスープを加えて、中火にかける。木べらでほぐしながら水分がしっかりなくなり、繊維質になるまで火にかける (b)。味をみて塩を加え調える。ご飯にのせ、木の芽を添える。

# たっぷり食べたい、柵で

好きな大きさに切れる、切りたてを食べられる、
大きく切り分けて別々の料理に使える、
コスパがいいなど、柵ならではのメリットがいっぱい。

## かつおのたたき風サラダ
recipe p.52

サーモンのマリネ

recipe p.52

まぐろのオイル漬け

recipe p.53

［ アレンジ ］

# トンナートソースのサラダ　recipe p.53

# かつおのたたき風サラダ (p.48)

フライパンでさっと周りを焼いて作る
簡単だけど満足なかつおのたたき風。
たっぷりの香味野菜と一緒にどうぞ。

〰 **材料**（作りやすい分量）

かつお … 1柵
　塩 … 小さじ1/4
にんにく（薄切り）… 1片
オリーブ油 … 大さじ1
香味野菜（みょうがは斜め薄切り。
　大葉、しょうがは千切り）… 各適量
すだち、ぽん酢 … 各適量

1. かつおは塩をふり、冷蔵庫で15分おき、水分
   をキッチンペーパーで軽く押さえる。
2. フライパンにオリーブ油、にんにくを入れ弱火
   にかける。香りが出てきたらにんにくを取り出
   し、強火にして1の皮目から全面を焼く（a）。
3. 2のかつおを氷水にとり（b）、表面のあら熱が
   とれたらキッチンペーパーで水けをふき取り、
   冷蔵庫で食べる直前まで冷やす。
4. 器に香味野菜を盛り付け、食べやすい大きさに
   切った3をのせる。2のにんにくを散らし、す
   だちのしぼり汁やぽん酢をかける。

＊ 他の魚で作るなら⇒ まぐろ

# サーモンのマリネ (p.49)

塩と砂糖で余分な水分を
しっかり取ってから漬けることで、
鮭のうまみがしっかり味わえるマリネです。
3、4日間保存できます。

〰 **材料**（作りやすい分量）

刺身用サーモン … 1柵（200g）
　塩 … 6g（サーモンの重量の3%）
　砂糖 … 4g（サーモンの重量の2%）
ディル（みじん切り）… 大さじ1/2
ケイパー（酢漬け）… 10粒
オリーブ油 … 大さじ2

1. 塩、砂糖をよく混ぜ合わせる。
2. 1をラップフィルムに半量敷いてサーモンを置
   き、残りを全体にまぶし（a）、ぴったりと包む。
   冷蔵庫で一晩おく。
3. 2をさっと水洗いし、キッチンペーパーで水け
   をふき取る。
4. 保存袋に3、ディル、ケイパー、オリーブ油を
   入れ（b）、冷蔵庫で一晩おく。
5. 4を食べる直前に薄くスライスして器に盛り、
   マリネ液をかける。

＊ 他の魚で作るなら⇒ 鯛

# まぐろのオイル漬け (p.50)

娘が好きなツナトマトパスタを作るために、
手頃なまぐろを見かけたら作り置きしておきます。
オリーブ油を軽やかな米油で作っても。

a

## 材料 (作りやすい分量)

まぐろ(ビンナガマグロ、またはキハダマグロ)
　… 1柵(150〜200g)
　塩 … 小さじ1
にんにく(薄切り) … 1片
ハーブ(ローリエ、ローズマリー、
　イタリアンパセリなど) … 適量
粒黒こしょう … 10粒
オリーブ油 … 適量

1. まぐろは塩をふり、15分おき、水分をキッチンペーパーで軽く押さえる。
2. ふた付きのバット(または小ぶりで深めのフライパン)にオリーブ油を少量ひき、1、にんにく、ハーブ、粒黒こしょうを入れ、オリーブ油をひたひたに注ぐ。
3. バットを弱火にかけ、1の全体が白っぽくなったら(a)裏返し火を止め、余熱で火を通す。あら熱がとれたらふたをし、冷蔵庫に入れる。フライパンの場合は、中身を密閉容器に入れる。油が固まった場合は、湯煎にかけ溶かす。油に浸っている状態で、冷蔵庫で約2週間保存可能。

＊ 他の魚で作るなら⇒ かつお

# [ アレンジ ] トンナートソースのサラダ (p.51)

まぐろのオイル漬けをオイルごと使って作るトンナートソース。
イタリアでは、肉料理に使われることもあります。
ハーブなどの風味が入った油もおいしい調味料となり、
ワンランクアップしたサラダに。

## 材料 (2人分)

まぐろのオイル漬け(食べやすい大きさに切る)
　… 80g
トレビス(食べやすい大きさにちぎる) … 1/4個
ゆで卵(半分に切る) … 2個
ディル(食べやすい長さにちぎる) … 少々
[トンナートソース] 出来上がり約1/2カップ
まぐろのオイル漬け … 50g
オイル漬けの油、プレーンヨーグルト … 各大さじ2
レモン汁 … 大さじ1
ケイパー(塩漬け) … 10粒
オリーブ油 … 適量

1. トンナートソースの材料をフードプロセッサーにかけ(a)、なめらかになるまで攪拌する。
2. 器にまぐろのオイル漬け、トレビス、ゆで卵を盛り付け、1をかけ、ディルを散らす。

a

# おいしさも、
## まるごと

頭から尾まで、骨からのうまみも栄養も
逃さず食べられるのが、まるごと魚料理の醍醐味です。
食卓に出した時の見栄えがいいのもポイントです。

アクアパッツァ

recipe p.56

# アクアパッツァ（p.54）

フライパンではなく、オーブンで焼くことで
身崩れすることなくきれいに仕上がります。
シンプルだけれど味わい深い、魚のまるごとならではの味に。

❀ **材料**（作りやすい分量）
メバル（内臓を取り除く）… 1尾
　塩 … 適量
A｜イタリアンパセリ（7〜8cmに切る）… 適量
　｜ハーブの茎 … 適量
はまぐり（砂抜きしたもの）… 6個
イタリアンパセリ（粗みじん切り）… 適量
オリーブ油 … 大さじ2

1. メバルは皮に切れ目を横に入れ（a）、塩をふ
　り、15分おき、水分をキッチンペーパーで軽
　く押さえる。お腹の中にAを詰める（b）。
2. オーブンシートを敷いた天板に1をのせ、
　200℃に予熱したオーブンの上段で焼き色が
　つくまで15分焼く（c）。
3. フライパンにはまぐりと魚の高さの半分ほ
　どの水を入れ、ふたをして中火にかける（d）。
　口が開いたら取り出す。
4. 3のフライパンに2を入れ強火にし、メバル
　に汁をかけながら（e）、汁けが1/3の量にな
　るまで煮詰める。味が薄ければ煮詰め、濃け
　れば水を足す。3を戻し入れ（f）、イタリアン
　パセリを加え、オリーブ油を回しかける。

＊ 他の魚で作るなら⇒ 鯛、ほうぼう、いさき

# いさきと豆腐の蒸し物　山椒ソースがけ

この料理のポイントは豆腐。
魚と一緒に蒸すことでいさきから出た
うまみを吸って、ボリュームのある一品に。
山椒としょうがのピリッもアクセントに。

〰 **材料**（作りやすい分量）
いさき（内臓を取り除く）… 1尾
　　塩 … 少々
豆腐（四等分に切る）… 1/2丁
長ねぎ（白い部分は白髪ねぎにする）… 1本
紹興酒（または酒）… 大さじ1
A｜山椒の実（しょうゆ漬け）… 大さじ1/2
　｜しょうが（千切り）… 1片
　｜ごま油 … 大さじ11/2
　｜しょうゆ、きび砂糖 … 各大さじ1/2

1. いさきは皮に切れ目を十字に入れ、塩をふり、15分おき、水分をキッチンペーパーで軽く押さえる。お腹の中にねぎの青い部分を入れる（a）。

2. 器に1、豆腐を周りにのせ、紹興酒を回しかけ（b）、蒸気の上がった蒸し器に入れる（c）。火が通るまで中火で蒸す。蒸し上がったら白髪ねぎをのせる。

3. 小鍋にAを入れ中火にかける。沸騰したらいさきに回しかける。

＊ 他の魚で作るなら⇒ 鯛、金目鯛、メバル、
ほうぼう、カレイ、平目

a　b　c

わかさぎの海苔フリット

recipe p.60

# ししゃもの南蛮漬け

recipe p.60

# わかさぎの海苔フリット （p.58）

米粉に炭酸水を入れた衣で揚げるので、
カリカリ、さくさく！
手でつまんでスナック感覚で食べられます。
青海苔の香りにつられてついつい手が伸びます。

〰 **材料**（2人分）

わかさぎ … 15尾（約150g）

米粉 … 適量

A 米粉 … 1/2カップ
かたくり粉 … 大さじ2
炭酸水（冷えたもの）… 60mℓ
青海苔 … 小さじ1

塩、レモン … 各適量

1. わかさぎは、水けをしっかりキッチンペーパー
でふき取る。
2. 1に米粉をまぶし（a）、よく混ぜ合わせたAを
つけ（b）、中温（170〜180℃）の油でカリッと
なるまで揚げ、油をきる。
3. 器に盛り、塩やレモンをしぼる。

＊ 他の魚で作るなら⇒ こち、カタクチいわし、
メヒカリ

# ししゃもの南蛮漬け （p.59）

揚げずに蒸し焼きにしてさっぱりと。
野菜のシャキシャキと、
かつお節を加えた甘酢で
毎日食べたい一品に。

〰 **材料**（2人分）

ししゃも … 8本

玉ねぎ（薄切り）… 1/2個

パプリカ（赤と黄色を合わせて。薄切り）… 1/4個

米油 … 少々

A かつお節 … 軽くひとつかみ
鷹の爪（輪切り）… 少々
米酢 … 1/4カップ
しょうゆ、きび砂糖 … 各大さじ1

a

1. 水1/2カップとAをよく混ぜ合わせる。
2. フライパンに米油をひき、ししゃもを並べ中
火にかける。1分たったら裏返し、ふたをして
火が通るまで焼く。魚焼きグリルやオーブン
（200℃）でもOK。
3. 保存容器に1、2、玉ねぎ、パプリカの順に入れ、
つけだれが行き渡るようにラップフィルムで表
面をぴったりと覆う（a）。ふたをして冷蔵庫で
2時間以上漬ける。3、4日保存可能。

わかさぎ海苔フリット

# 蒸ししらすごはん

蒸すとさらにふわふわ、ふっくらになるしらす。ぜひ蒸したてを。
しらすの塩分があるので塩は不要。
冷ご飯で作る場合は、茶わんによそいご飯ごと蒸しても。

〰 **材料**（2〜3人分）
しらす … 100g
　　酒 … 大さじ1/2
せり（または長ねぎ、大葉、三つ葉など。
　　食べやすい長さに切る）… 1/4束
温かいご飯 … 適量
すだち（くし形に2〜3に切る）… 1/2個

1. しらすは平らな器に入れ、酒をふりかけ（a）、蒸気の上がった蒸し器に入れ中火で3分蒸す。
2. 1の上にせりをのせて（b）、さらに1分蒸す。
3. 蒸し上がったら2を混ぜ合わせ、ご飯の上にのせ、すだちをしぼる。

a

b

# さんまの炊き込みピラフ

香ばしく焼いたさんまをまるごと1匹鍋に入れて
米と一緒に炊き込みます。バターで炒めた
玉ねぎやマッシュルームも合わせて炊くので、
風味のいいピラフに仕上がります。

〰 **材料**（作りやすい分量）
さんま … 1尾
　　塩 … ふたつまみ
米（研いで同量の水に30分浸ける）… 2合
玉ねぎ（粗みじん切り）… 1/4個
マッシュルーム（粗みじん切り）… 8個
ローリエ … 1枚
イタリアンパセリ（みじん切り）… 適量
有塩バター … 20g

1. さんまは塩をふり、15分おき、水分をキッチンペーパーで軽く押さえる。魚焼きグリルで焼き色がつくまで5分焼く。

2. 中火で熱した鍋に、バター10g、玉ねぎ、マッシュルームを入れ、しんなりするまで炒める。

3. 2の鍋に、米を浸していた水とともに加えさっと混ぜ、1、ローリエを加えふたをする。沸いたら弱火にし、水分がなくなるまで8分炊き火を止める。残りのバター、イタリアンパセリを加え、ふたをして10分蒸らす（a）。

4. 3のさんまの骨を取り身をほぐして、ご飯と混ぜ合わせる。

＊他の魚で作るなら⇒ 干物（さば、あじ、金目鯛）、かます

呑める、
魚介のひと皿

家呑みのメニューは、少ない材料で
素早く作れるものが一番！
魚介のうまみがしみじみとおいしくて、
ついついお酒もすすみます。

いかと青菜のオイル煮
recipe p.68

64

たことアボカドとサルサヴェルデ

recipe p.68

帆立とチーズとかぶのグリル
recipe p.69

牡蠣のオムレツ
recipe p.69

# いかと青菜のオイル煮 (p.64)

青菜にいかをまるごとのせて蒸します。
オイルと少しのビネガーが味のまとめ役。
青菜は2種類以上合わせると
奥行きのある味になります。

〰 **材料**（作りやすい分量）

やりいか … 1杯

青菜（クレソン、菜花。または旬のもの。
　食べやすい長さに切る）… 1束

にんにく（つぶす）… 1片

オリーブ油 … 大さじ2

A｜赤ワインビネガー（または好みのビネガー）
　　　… 小さじ1
　｜塩 … 小さじ1/4

1. 厚手の鍋にオリーブ油を半量入れ、青菜、にんにく、やりいか、A、水1/4カップを入れ、残りのオリーブ油を回しかける（a）。ふたをして中火にかけ、青菜がくたくたになるまで煮込む。
2. ふたを外し、少し煮詰める（b）。やりいかは食べやすい大きさに切ってから、器に盛る。オリーブ油（分量外）を回しかける。

# たことアボカドとサルサヴェルデ (p.65)

酸味のきいたハーブとアンチョビのソースが
たことアボカドをつないでくれます。
ソースの材料が少量なのでフードプロセッサーで
多めに作るか、包丁で刻む、
またはハンドブレンダーなどを使ってください。

〰 **材料**（2人分）

たこ（薄いそぎ切り）… 50 g

アボカド（食べやすい大きさに切る）… 1/2個

A｜イタリアンパセリ（ちぎる）… 4本
　｜バジルの葉 … 10枚
　｜ケイパー（塩漬け）… 5粒
　｜アンチョビ（フィレ）… 1枚
　｜オリーブ油 … 大さじ11/2
　｜赤ワインビネガー（または好みのビネガー）
　　　… 大さじ1/2

1. Aをフードプロセッサーにかけ（a）、なめらかになるまで攪拌するか、材料を細かく刻んで混ぜ合わせる。
2. 器にたこ、アボカドを盛り1をかけ、さらにオリーブ油（分量外）を回しかける。

＊ 他の魚で作るなら⇒ スモークサーモン、ゆでた海老

# 帆立とチーズとかぶのグリル (p.66)

帆立とチーズ、これだけでもおいしいのですが、
よく焼いたかぶのジューシーさと香りも印象的です。
帆立はあまり火を通しすぎず、
半生くらいがおいしいです。

≋ **材料**（2人分）

帆立の刺身（厚さを半分に切る）… 4個
かぶ（小さめ。4等分の輪切り）… 小2個
パルミジャーノ・レッジャーノ・チーズ（すりおろす）
　… 小さじ4程度
オリーブ油 … 大さじ1
レモンの皮（薄くむいて細切り）… 適量
塩、こしょう … 各少々

1. フライパンにオリーブ油を中火で熱し、かぶを
   両面こんがりと焼き、塩、こしょうをふり器に
   盛る。
2. フライパンにパルミジャーノ・レッジャーノ・
   チーズを帆立の大きさに置き、中火にかける。
   表面が溶けてきたら、上に帆立を置く（a）。チー
   ズが全体に溶けてカリッとしてはがしやすく
   なったら裏返して、さっと焼き（b）、1の上に
   のせる。こしょうをふり、レモンの皮を散らす。

# 牡蠣のオムレツ (p.67)

牡蠣をふっくら蒸し焼きにした
オープンオムレツです。
牡蠣に薄力粉をまぶすことで
縮むことなくジューシーに仕上がります。

≋ **材料**（2〜3人分）

生牡蠣 … 6個
　薄力粉 … 適量
卵 … 2個
A｜牛乳 … 小さじ2
　｜パルミジャーノ・レッジャーノ・チーズ
　｜（すりおろす）… 小さじ2
　｜塩 … 適量
タイム … 3〜4枝　　　　　［カクテルソース］
オリーブ油 … 大さじ1　　トマトケチャップ … 大さじ2
有塩バター … 10g　　　　赤ワインビネガー … 大さじ1/2
黒こしょう … 少々　　　　チリパウダー … 少々

1. 生牡蠣は、塩水で洗い汚れを取る。水けをキッ
   チンペーパーでふき取り、薄力粉をまぶす。
2. ボウルに卵を割り入れてほぐし、Aを加えよく
   混ぜ合わせる。
3. フライパンにオリーブ油を中火で熱し、1を入
   れて半分ほど火が通るまで焼き（a）、取り出す。
   2を入れ、大きくさっとかき混ぜ、牡蠣をのせ
   （b）、上にタイム、バターをのせてふたをする。
   弱火にし2分火にかける。
4. 器に盛り、黒こしょうをふる。好みで混ぜ合わ
   せたカクテルソースをつける。

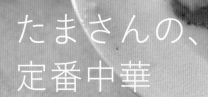

# たまさんの、定番中華

我が家で頻繁に食卓にのぼる定番の中華料理をご紹介。
食べたい時、呑みたい時にささっと作れる
簡単なものばかり。うまみの強い貝類や
海老を使った料理が多めです。

### ゆで海老ワンタン

### 揚げ海老ワンタン

ワンタンの包み方

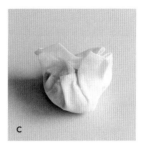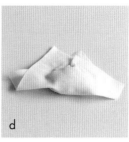

左：ゆでワンタン／右：揚げワンタン

# 海老ワンタン2種

海老の下ごしらえをしっかりすることで臭みがなく、
プリッとしたワンタンに。ゆでと揚げ2種類楽しめます。
p.11（鯛の中華風サラダ）のねぎだれをかけても。

〰 **材料**（20個分）
海老（ブラックタイガー。皮をむいて背わた、
　　尻尾を取る）… 約200g
　A｜酒、かたくり粉… 各大さじ1
　　｜塩… 小さじ1
ワンタンの皮… 20枚
B｜しょうが（みじん切り）… 1片
　｜卵白… 1/2個分
　｜かたくり粉… 小さじ2
　｜しょうゆ、酒… 各小さじ1
　｜ごま油… 大さじ1
　｜塩… 小さじ1/4
ごま油、揚げ油（米油）… 各適量
塩… 適量
好みでラー油… 適宜

［あん］共通
1. 海老は混ぜ合わせたAをよくもみ込み、水洗
　いし、水けをキッチンペーパーでふき取る。
2. 1を粗めに切り、包丁の腹でつぶしてから（a）、
　たたいて細かくする。ボウルに入れ、Bと混ぜ
　合わせ、よく練り合わせる（b）。

［ゆで海老ワンタン］
1. あんを小さじ1程度ずつワンタンの皮の中心に
　のせ、あんがこんもり丸くなるように巾着包み
　のように包む（c）。
2. 鍋にたっぷりの湯を沸かし、くっつかない程度
　の量の1を入れ、中火で火が通って浮かんでく
　るまでゆでる。
3. 器に盛りごま油をかけ、好みでラー油をつける。

［揚げ海老ワンタン］
1. 皮の中心にあんをのせたら、角を少しずらすよ
　うに2つ折りに包む（d）。
2. 1を中温（170〜180℃）の米油でカリッときつ
　ね色になるまで揚げ、油をきり器に盛り、塩を
　ふる。

# あさりと春雨の煮込み

あさりのエキスを吸った春雨がおいしくてよく作ります。
あさりの口が開いたらいったん取り出して
身がかたくなるのを防ぐのがコツです。

**材料**（2人分）
あさり（砂抜きしたもの）… 200g
しょうが（千切り）… 1/2片
緑豆春雨 … 30g
オイスターソース … 大さじ1/4
酒 … 1/4カップ
ごま油 … 大さじ1

1. フライパンにあさり、酒を入れ、ふたをして中火にかける。あさりの口が開いたら（a）取り出す。
2. 1に水3/4カップ、オイスターソース、しょうが、戻していない緑豆春雨を入れ、火が通るまで煮込む（b）。
3. 1をフライパンに戻し入れ、ごま油を加えさっと混ぜ合わせる。

# いかと帆立と黄にらのあえ麺

いかと帆立は刺身用を使い、
熱々のオイルをかけてレアに仕上げます。
黄にらとセロリも欠かせません。魚は刺身用であれば何でも合います。

〰 **材料**（1人分）

いかの刺身 … 4切れ

帆立の刺身（厚さを半分に切る）… 2個

塩麹 … 小さじ1

黄にら（斜め切り）… 4本

セロリ（筋を取り斜めに切ってから千切り）… 5cm

中華麺 … 1玉

花椒（細かく刻む）… 小さじ1

A｜しょうが（千切り）… 1/2片
　｜紹興酒（または酒）… 大さじ1
　｜ごま油 … 大さじ11/2
　｜しょうゆ … 小さじ1

1. いか、帆立の刺身は塩麹であえる（a）。
2. 中華麺は袋の表示通りにゆで、水けをきり、器に盛る。1、黄にら、セロリを中華麺にのせる。
3. 小鍋に花椒、Aを入れ、弱めの中火にかけ、油がふつふつ沸いてきたら熱々のまま2に回しかけ、熱いうちに全体をあえる。

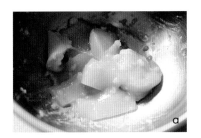
a

# 海老チリ

本当によく作る定番中の定番。
フレッシュなトマトを使うジューシーな海老チリ。
トマトの酸味で軽やかに、後味もよく食べられます。
甘酒でまろやかな甘みを加えて。

〰 **材料**（2人分）

海老（ホワイトタイガー。
　皮をむいて背わた、尻尾を取る）… 8尾
　A｜酒、かたくり粉 … 各大さじ1
　　｜塩 … 小さじ1
　かたくり粉 … 大さじ1
トマト（8等分のくし形切り）… 中2個
長ねぎ（みじん切り）… 5cm
しょうが（みじん切り）… 1片
豆板醤 … 小さじ1/2
甘酒 … 大さじ1〜2
ごま油 … 大さじ2

1. 海老は混ぜ合わせたAをよくもみ込む。水洗いし、水けをキッチンペーパーでふき取り、かたくり粉をまぶす。

2. フライパンにごま油を半量ひき、1を並べて中火で焼く（a）。火が通ったら取り出す。

3. 2のフライパンに残りのごま油を入れ、しょうが、豆板醤を炒める。香りが出てきたらトマトを加え炒め合わせる。

4. トマトを木べらでつぶしながら、形が半分ほど残る程度になったら甘酒を混ぜ、海老も加えさっと混ぜ合わせる（b）。器に盛り長ねぎを散らす。

# この本で使った切り身

味の特徴や料理への使い勝手のワンポイントとともにご紹介。

## 赤身の魚

まぐろやかつおに代表されるように広い海をずっと泳ぎ回り、体を動かす筋肉が発達しています。加熱すると身がしまってかたくなります。特に赤い部分の血合いには、血液や鉄分が豊富です。

### かつお

初夏の"初がつお"は脂が少ないのでたたきに、秋の"戻りがつお"は脂がのっているので刺身がおすすめ。香味野菜とともに。鮮やかな赤紅色のものが新鮮。

### まぐろ

江戸前寿司のネタとしても欠かせないまぐろ。国産で天然ものの旬は冬ですが、冷凍や養殖のものも多いので一年中楽しめます。DHA、EPAもたっぷり。

### かんぱち

刺身や切り身で売られていることが多く、一年を通して楽しめますが、旬は夏。うまみが多いので、刺身やカルパッチョなど生で食べるのがおすすめ。

### めかじき

かじきの一種、切り身でおなじみのめかじきは、脂肪が少なく、くせがないのでいろいろな料理に使えます。淡いピンクで透明感のあるものを選びます。

### ぶり

ぶり大根や照り焼き、塩焼きなどでおなじみ。特に冬の寒ぶりは身がしまり、脂ものって格別なおいしさ。DHAやEPA、鉄分などの栄養も豊富です。

### あじ

通年手に入りますが、春から夏にかけての小ぶりなあじは脂ののりがよく、うまみもたっぷり。切り身の切り口が明るいピンク色で、つやのあるものを。

### さば

旬は秋から冬で、脂がのって甘みがあります。みそ煮、しめさば、塩焼きなどが定番料理。独特な香りが気になる時は香味野菜や柑橘、みそなどとともに。

### いわし

日本で多く食べられている種類がまいわし。旬は6〜10月頃で、暑くなってくると脂がのっておいしくなります。栄養価が高いので積極的に食べて。

### さわら

地域によって旬の時期が変わり、関西では春、関東では冬といわれています。身の部分が白く、血合い部分は鮮やか、そして斑紋が鮮明なものが新鮮です。

# 白身の魚

深い海でゆっくり泳いでいます。長い間泳ぐのは苦手。
脂肪が少なく、淡白な味です。加熱すると身はほろほろとほぐれやすく、
食べやすくなりますが、煮崩れしやすいのも特徴です。

## 鯛

白身魚の王様ともいえる鯛は、上品な甘みが格別。生で、焼く、煮る、蒸すと幅広い料理で楽しめます。頬や目の周りもおいしいので、あらの料理もぜひ。

## たら

冬の鍋や汁物に大活躍。寒い時期には脂がのり、身がしまり、淡白ながらも濃厚な風味。身は時間がたつと濁ってくるので、透き通っているものを選んで。

## 赤舌平目

淡白な味わいで、ムニエルやバター焼きなどフランス料理には欠かせない存在。夏から秋が旬。黒舌平目よりも身が厚く、おいしいとされています。

## 金目鯛

"鯛"とつきますが、鯛の仲間ではありません。身はやわらかく、脂はとろっと甘いけれどさっぱりとして、煮付けが定番。身に透明感のあるものが新鮮です。

## 鮭（銀鮭）

身はふっくらとしていて、脂肪分が多く、こくがあるので、シチューなどの煮込み料理や鍋にも合います。養殖がほとんどなので、一年中食べられます。

## サーモントラウト

淡水魚のサーモントラウトは生食ができるのが大きな特徴。ほとんどが海外で養殖されているので、一年を通して食べられます。

## 太刀魚

どんな料理にも使いやすい人気の魚です。加熱することで、うまみがぐんと増すのが特徴です。身は透明でピンクがかっているものが鮮度のいい証拠。

## 赤身と白身の違いは？

赤身と白身の違いは、色素たんぱく質の含有量で、赤身には色素たんぱく質のヘモグロビンとミオグロビンが白身より多く含まれています。

# 切り身の保存法

たくさん買って保存したい時や中途半端に1切れ余った時に、
時間をおくことでよりおいしく食べられるおすすめの保存法です。

## 西京漬け

鮭の他にも、この本で使ったら、金目鯛、さ
わら、めかじき、ぶり、さば、いか、帆立など
もおすすめです。1切れから作れる分量です。

〰 **材料（1人分）**
鮭 … 1切れ
　塩 … 小さじ1/4
A｜白みそ … 大さじ1
　｜みりん、酒 … 各大さじ1/2

1. 鮭は塩をふり、15分おき、水分をキッチンペー
   パーで軽く押さえる。
2. Aを混ぜ合わせ、ラップフィルムに半量敷い
   て1を置き、残りを1の表面にぬり、ぴったり
   と包む。冷蔵庫で半日から3日漬け込む。
3. 2の表面のみそを少しぬぐい取ってから、フラ
   イパンや魚焼きグリル、またはオーブンシー
   トを敷いた天板にのせ200℃に予熱したオー
   ブンで7～8分焼く。

## ハーブオイル漬け

ハーブとオイルに漬けて、焼いても身がしっと
りふっくら。パンに玉ねぎやレモンとオープン
サンドや、身をほぐしてパスタにしても。

〰 **材料（作りやすい分量）**
さば … 1切れ
　塩 … 小さじ1/4
A｜ハーブ（イタリアンパセリ、タイム、
　｜ローズマリーなど。みじん切り）… 大さじ1/2
白ワイン … 大さじ1/2
オリーブ油 … 大さじ1

1. さばは塩をふり、15分おき、水分をキッチン
   ペーパーで軽く押さえる。
2. 保存袋に1、Aを入れもみ込む。冷蔵庫で半
   日から3日漬け込む。
3. フライパンや魚焼きグリル、またはオーブン
   シートを敷いた天板にのせ200℃に予熱した
   オーブンで7～8分焼く。

FISH CALENDAR
季節と魚

この本で使った魚の旬をご紹介。
冷凍技術や流通の進歩で通年食べられるものも多くなりましたが、
本来の旬の時期は格別なおいしさです。

| | 1 | 2 | 3 | 4 | 5 | 6 | 7 | 8 | 9 | 10 | 11 | 12 | 1 |
|---|---|---|---|---|---|---|---|---|---|---|---|---|---|
| あじ | | | | | ●━━━━━━● | | | | | | | | |
| あさり | | | ●━━━● | | | | | | | | | | |
| 甘海老 | | | | | ●━● | | | | ●━━━━━━━━━━━━━━● | | | | |
| いさき | | | | | ●━● | | | | | | | | |
| いわし | | | | | | ●━━━━━━━● | | | | | | | |
| 牡蠣 | ●━━━━━━● | | | | | | | | | | | ●━ | |
| かつお | | | | | ●━● | | | | ●━● | | | | |
| かんぱち | | | | | | ●━━━━━● | | | | | | | |
| 金目鯛 | ●━● | | | | | | | | | | | ●━ | |
| 鮭 | | | | | | | | | ●━━━● | | | | |
| さば | | | | | | | | | | ●━━━● | | | |
| サーモントラウト | ●━━━━━━━━━━━━━━━━━━━━━━━━━● | | | | | | | | | | | | |
| さわら | ●━━━● | | | | | | | | | | | | |
| さんま | | | | | | | | | ●━● | | | | |
| ししゃも | | | | | | | | | | ●━━━● | | | |
| 舌平目 | | | | | ●━━━━━━━● | | | | | | | | |
| しらす | | | | ●━● | | | | | ●━● | | | | |
| 鯛 | | ●━━● | | | | | | | | | | | |
| たこ | | | | | | ●━● | | | | | | ●━● | |
| 太刀魚 | | | | | | | ●━━━━━● | | | | | | |
| たら | | | | | | | | | | | | ●━● | |
| ぶり | | | | | | | | | | | | ●━● | |
| 帆立 | ●━━━● | | | ●━━━━━● | | | | | | | | ●━● | |
| まぐろ | | | | | | | | | | | | ●━● | |
| めかじき | | | | | | | | | | ●━━━● | | | |
| メバル | | | ●━━━● | | | | | | | | | | |
| やりいか | | ●━━● | | | | | | | | | | | |
| わかさぎ | ●━━● | | | | | | | | | | | | |

＊ 一般的に言われている時期になります。種類、産地によって異なる場合もありますので、あくまでも目安としてください。

## 中川たま

料理研究家。兵庫県生まれ。アパレル勤務を経て、自然食料品店勤務の後、2004年ケータリングユニット「にぎにぎ」をスタートさせ、2008年に独立。現在は神奈川県・逗子にて夫と娘の3人暮らし。月に数回、自宅にて季節の野菜や果物を大切にした料理教室を開催。雑誌や書籍での、シンプルな器使いや洗練されたスタイリングも人気。『つるんと、のどごしのいいおやつ』、『いもくり なんきん、ときどきあんこ』(ともに文化出版局)、『たまさんの食べられる庭　自然に育てて、まるごと楽しむ』(家の光協会)、など著書多数。
インスタグラム
https://www.instagram.com/tamanakagawa/

# たまさんと魚料理

刺身や切り身、柵で手軽に

2024年7月6日　第1刷発行
2024年10月24日　第2刷発行

著　者　中川たま
発行者　清木孝悦
発行所　学校法人文化学園 文化出版局
　　　　〒151-8524
　　　　東京都渋谷区代々木3-22-1
　　　　電話 03-3299-2479（編集）
　　　　　　 03-3299-2540（営業）
印刷・製本所　株式会社文化カラー印刷

文化出版局のホームページ
https://books.bunka.ac.jp/

## Staff

デザイン　福間優子
撮影　宮濱祐美子
スタイリング　西崎弥沙
装画　川原真由美
校閲　藤吉優子
DTP　天龍社
編集　鈴木百合子（文化出版局）